图说武当秘技系列

武当暗腿绝技

刘罡 著

人民体育出版社

图书在版编目（CIP）数据

武当暗腿绝技 / 刘罡著. -- 北京：人民体育出版社，2023
（图说武当秘技系列）
ISBN 978-7-5009-6348-6

Ⅰ.①武… Ⅱ.①刘… Ⅲ.①腿击法(武术)—基本知识 Ⅳ.①G852.4

中国国家版本馆CIP数据核字(2023)第150144号

*

人民体育出版社出版发行
三河兴达印务有限公司印刷
新 华 书 店 经 销

*

880×1230　32开本　7.25印张　178千字
2023年11月第1版　2023年11月第1次印刷
印数：1—3,000册

*

ISBN 978-7-5009-6348-6
定价：35.00元

社址：北京市东城区体育馆路8号（天坛公园东门）
电话：67151482（发行部）　　邮编：100061
传真：67151483　　　　　　　邮购：67118491
网址：www.psphpress.com
（购买本社图书，如遇有缺损页可与邮购部联系）

丛书绘图组

高　翔　　丁亚丽
高　绅　　李梦瑶

总　序

2017年，中共中央办公厅、国务院办公厅印发了《关于实施中华优秀传统文化传承发展工程的意见》（以下简称《意见》），并发出通知，要求各地区各部门结合实际认真贯彻落实，体现了党和政府对中华优秀传统文化的重视。

在国民教育方面，《意见》提出，加强中华优秀传统文化相关学科建设，重视保护和发展具有重要文化价值和传承意义的"绝学"、冷门学科。在保护传承文化遗产方面，《意见》提出，推动民族传统体育项目的整理研究和保护传承。

中华武术有着数千年的发展历史，是中华民族在社会实践中创造的宝贵财富，是中华文化的重要组成部分。武当武术作为"内家之宗"，在武术爱好者中具有较高的认知度。正是基于此，我们策划了这套"图说武当秘技系列"丛书。

本套丛书种类齐全，既有养生法，又有技击术，还有大力功，精心选取与展现了丰富多彩的武当诸派秘技；注重练法,注重实效,突出"图说",简明扼要,便于阅读和学习。丛书编写者都是武当武术相关的专家、学者、教授,他们既有自身体验,又有教学经验,既有很高的技术水平,又有很深的学术造诣。当然,不足之处在所难免,欢迎读者批评指正,以利今后进一步充实与完善。

内容提要

1. 武当暗腿,乃内家秘传绝技,其踢法低矮,腿使暗招,动作隐蔽,可出奇制胜。歌曰:"武当防身一秘技,明手快去暗腿踢。冷劲奇袭急连环,低矮难测有玄机。"

2. 武当暗腿主要有五类。一是低矮之腿，硬劲冷动；二是寸劲之踢，短促杀伤；三是沾衣之腿，贴身使劲；四是浑元之踢，手脚并用；五是阴腿偷踢，突击奇袭。常用单踢，总共18招。

3. 武当暗腿连环套，是一个秘传套路，仅有18势，招法不多，容易自学。通过练习，可使动作协调，收发灵利；发劲顺溜，功力提高；步灵身活，眼明手快；架势整壮，体质增强。

4. 天罡玄阴腿，乃武当内家秘技，共有36招，切合道家天罡之数。其招法精湛，实用易学；连环多变，不易防范；犀利难挡，令敌胆寒。

目 录

第一章 武当暗腿十八绝 / 2

一、蹚踝腿 / 4

二、低弹腿 / 8

三、截步腿 / 14

四、前踩腿 / 19

五、踩地腿 / 24

六、铲刀腿 / 30

七、低踩腿 / 36

八、低蹬腿 / 42

九、扣绊腿 / 47

十、低扫腿 / 52

十一、后撩腿 / 57

十二、撩阴腿 / 62

十三、搓地腿 / 65

十四、勾挂腿 / 68

十五、外撇腿 / 74

十六、绞丝腿 / 79

十七、跪压腿 / 83

十八、里磕腿 / 87

第二章　武当暗腿连环套 / 92

一、道士揽衣 / 94

二、孤雁出群 / 96

三、懒龙卧道 / 98

四、仙驴尥蹶 / 100

五、锦鸡撒膀 / 102

六、青龙缠柱 / 104

七、龟蛇合演 / 106

八、雄鸡采花 / 108

九、鹞子翻身 / 111

十、乌龙卷尾 / 114

十一、灵蛇搜裆 / 115

十二、狸猫上树 / 118

十三、狮子抱球 / 120

十四、拐李叩门 / 122

十五、天马行空 / 124

十六、仙鹤戏水 / 128

十七、紫燕抛剪 / 132

十八、返璞归真 / 134

第三章　武当天罡玄阴腿 / 140

一、玄罡穿云 / 142

二、小马奔蹄 / 144

三、青龙出水 / 146

四、浪子踢球 / 148

五、劈荆斩棘 / 150

六、白猿偷桃 / 152

七、南天蹬门 / 154

八、横扫千军 / 156

九、弯弓射雁 / 158

十、推山填海 / 160

十一、乌龙卷尾 / 162

十二、金豹抖尾 / 164

十三、倒拔杨柳 / 166

十四、巨龙夺虎 / 168

十五、飞石穿心 / 170

十六、马踏流星 / 172

十七、铁蹄陷阵 / 174

十八、钩镰斩蹄 / 176

十九、泰山压顶 / 178
二十、旋风扫堂 / 180
二十一、魁星踢斗 / 182
二十二、蛟龙搅海 / 184
二十三、山蝎挡道 / 186
二十四、白猿探路 / 188
二十五、神蝎弹尾 / 190
二十六、渔翁摇橹 / 192
二十七、独竿撑舟 / 194

二十八、青龙卷浪 / 196
二十九、左右开弓 / 198
三十、山蟒甩尾 / 200
三十一、蝎子摆尾 / 202
三十二、白虎拦路 / 204
三十三、彗星绕月 / 206
三十四、赵帅擒虎 / 208
三十五、山神伏虎 / 210
三十六、大龙摆尾 / 212

第一章
武当暗腿十八绝

何谓武当暗腿？顾名思义，即腿使暗招，踢法低矮，动作隐蔽，可出奇制胜，快速克敌，乃内家秘传，武当绝技。

武当暗腿主要有五类。一是低矮之腿，硬劲冷动，攻击下盘，致敌腿伤，阻其进步，浪难察觉，此为暗腿的惯用踢法。二是寸劲之踢，动作不大，短促杀伤，收发便利，善于连环，不易防备。三是沾衣之腿，贴身使劲，挤靠绊挡，缠绕勾挂，拦步破桩，多用于擒拿摔跌。四是浑元之踢，先出虚招，佯攻诱敌，或先用打法，抢夺先机，乘势出腿。五是阴腿偷踢，乘人不备，踢击要害，此属武林"阴招"，非有极端危险，不得使用。

武当派有不少拳种，都把暗腿称为"玄阴腿"，视为本门绝技，自行勤练，秘不外传。歌曰："武当防身一秘技，明手快击暗腿踢。冷劲奇袭急连环，低矮难测有玄机。"在这一章，专门介绍"暗腿十八绝"的常见用法，以及基本的拳脚配合与攻防战例，欲使读者见激知著，举一反三。

其实，不同的暗腿也可以连环。例如，第一招"蹚踝腿"，既可连踢，对准敌方脚踝，一腿不中，再出一腿，终可伤敌，致其难动，也可先行使用，致敌疼痛，或迫敌闪让，乘机踢出其他腿法（如顺势踢出"低扫腿"，伤其腿膝，非常便利）。另外，暗腿也可以连接高踢。如以"蹚踝腿"连接"高鞭腿"，先低后高，先伤其踝，再扫其头，重劲摧毁。诸招总以防身自卫而克敌制胜为要则。鉴于篇幅，不再多述，读者自悟，不得拘泥。

一、蹚踝腿

蹚踝腿，重在踢击敌方脚踝，致其剧疼失力，脚伤难动。

其法多用脚跟发力，好像蹚泥甩腿，富有划劲，进步即踢，一蹚即落，收发便利。

（一）甩脸蹚踝

【实战举例】

1. 我方（穿长袖衣服者，下同）主动进攻，左脚上步之际，左掌甩向敌方面部，轻劲佯攻，看其反应。敌方急忙仰面躲避，双手提起防备。（图1-1）

图1-1

2. 我方见敌全力防上，下盘空虚，速将右脚蹬踢而出，脚跟发力，伤其右脚外踝，致其剧疼失力。（图1-2）

图1-2

（二）削臂蹬踝

【实战举例】

1. 敌方左脚上步，右拳击打我方面部。我方迅疾后闪，急提左掌，削击敌方右臂。（图1-3）

图1-3

2．动作不停，我方重心前移，右脚快速蹬踢，脚跟发力，伤其左脚外踝。（图1-4）

图1-4

（三）拦腿蹬踝

【实战举例】

1．敌方上步进身，右腿跺击我方头部。我方向左闪步，侧身以避，右臂外拦，封阻敌方右小腿。（图1-5）

2．动作不停，我方向左转体，右脚发力，向前蹬踢，伤其左脚内踝。（图1-6）

图1-5　　　　　　图1-6

（四）落步蹬踝

【实战举例】

1. 敌方上步进身，右腿踩踢我方左腿。我方急将左腿屈膝，提起避过。（图1-7）

图1-7

2. 动作不停，我方左脚向前落步（也可顺势下踩其右腿），右脚向前蹬踢，伤其左脚内踝。（图1-8）

图1-8

二、低弹腿

低弹腿，也叫"暗镖腿"，利用脚尖弹击敌方下部诸要害，如小腹、裆部、胯缝、膝盖、前胫、脚踝等，准确性高，穿透力强。

低弹力量充足，尖锐坚硬，犀利难挡；且攻击距离长，速度快捷，可放长踢远，钻入空当，用处很大。

其歌诀曰："腿如飞镖踢下盘，放长击远用脚尖。如铁似钢暗腿去，穿肌透骨敌胆寒。"

（一）穿喉弹裆

【实战举例】

1. 我方主动进攻，左脚进步，右掌穿击敌方咽喉。敌方撤身避躲。（图1-9）

图1-9

2. 动作不停，我方速弹右腿，伤其裆部。（图1-10）

图1-10

（二）拦腿弹膝

【实战举例】

1. 敌方上步，左腿弹踢我方腹部。我方坐步偏身，左手反划，拦截敌方左小腿。（图1-11）
2. 动作不停，我方疾出右腿，脚尖发劲，猛劲弹击敌方右膝，伤其关节。（图1-12）

图1-11

图1-12

（三）拦臂弹髋

【实战举例】

1. 敌方左脚上步，右拳冲击我方面部。我方退步吞身，两手拦格敌方右腕右肘。（图1-13）

图1-13

2. 动作不停，我方顺势发力，右腿弹踢敌方右胯根部，致其剧痛瘫软。（图1-14）

图1-14

（四）抢踢弹膝

【实战举例】

1. 敌方左步启动，欲要前进。我方见其要来，急速迎击，左腿弹出，后发先至，伤其左膝。（图1-15）

图1-15

2. 动作不停，我方左步收落，右脚顺势前弹，仍踢其左膝，彻底伤之。（图1-16）

图1-16

(五)游身弹膝

【实战举例】

1. 敌方上步进身,右腿踹击我方头部。我方吞身后闪,避过敌方右腿,两手提起,护在身前。(图1-17)

图1-17

2. 动作不停，我方两脚快速绕步，游身换位，进于敌方身后。（图1-18）

图1-18

3. 乘机发力，右腿弹踢，对准敌方左膝弯部，致其腿伤歪倒。（图1-19）

图1-19

三、截步腿

截步腿，顾名思义，伤害敌腿脚，阻止其来踢，迟滞其进步，预防其连击。

此腿注重寸劲，多用脚掌发力，主要踢击敌方的膝盖、前胫，致其剧痛，重则伤折。

（一）擒拿截胫

【实战举例】

1. 敌方右脚上步，右拳冲击我方面部。我方退步，右手抓拿敌方右手，左手前托敌方右肘。（图1-20）

图1-20

2. 动作不停，我方左脚后撤，两手顺势向后牵拉；同时，右脚乘机发劲，前截敌方右胫，致其胫骨伤折。（图1-21）

图1-21

（二）撤闪截膝

【实战举例】

1. 敌方右脚提起欲进，右拳提起欲打。我方严阵以待，蓄势待发。（图1-22）

图1-22

2. 敌方右脚前落，右拳猛力冲来。我方见敌招动，右脚一撤，闪其拳击，左脚即出，截其右膝，攻防兼具。（图1-23）

图1-23

（三）拨腿截膝

【实战举例】

1. 敌方上步进身，右腿侧跺我方头部。我方左脚斜跨，侧身以避，右掌上起，拦截其腿。（图1-24）

图1-24

2. 动作不停，我方右掌化劲，推拨其腿；同时，右腿速起，截其左膝，将其击倒。（图1-25）

图1-25

（四）提腿截膝

【实战举例】

1. 敌方进步，左脚踹击我方右腿。我方迅疾退步，右腿屈膝提起，避过敌方来腿。（图1-26）

图1-26

2. 动作不停，我方腰向右拧，顺势发劲，右脚前截，伤其左膝。防中有攻，一收即发，非常便利，实用高效。（图1-27）

图1-27

（五）抄腿截踝

【实战举例】

1. 敌方上步，右腿踹击我方胸部。我方略闪，两手上抄，兜夹敌方右腿。（图1-28）

图1-28

2. 动作不停，我方两手一捋，身稍后仰，右脚顺势发力，向前下截，伤其左脚踝骨。（图1-29）

图1-29

四、前踩腿

前踩腿，多用脚跟发力，略有斜劲，即要暗含踏劲，有向下沉挫之力，主要踢击敌方前胫、膝盖、踝骨等。

踩腿斜向用力，攻击距离稍长，用法较多。下一招踩地脚，则直接向下发力，必须贴身。两者其实是同类暗腿。

（一）破抱踩足

【实战举例】
1. 敌方从身后用两手将我方抱住。（图1-30）

图1-30

2. 我方用力挺住，防止被摔，乘机提起右腿。（图1-31）

图1-31

3. 动作不停，我方右脚随即发力，猛踩敌方在前之左脚，致其剧痛松手，脚骨受伤。（图1-32）

图1-32

（二）破抓踩胫

【实战举例】

1. 敌方突然上前，用右手抓拉我方胸襟。（图1-33）

图1-33

2. 我方速起双手，擒拿敌方右手，不让其逃；同时，左脚提起向前猛踩，伤其小腿，折其胫骨。（图1-34）

图1-34

（三）提腿踩膝

【实战举例】

1. 敌方上步逼近，突然沉身蹲地，左腿擦地扫踢我方在前之左腿。我方疾屈左腿，收提避之。（图1-35）

图1-35

2. 动作不停，我方乘敌左腿刚来未收瞬间，左脚猛然下落，踩击敌方左膝，致其跪地难起。（图1-36）

图1-36

（四）擒臂踩腿

【实战举例】

1. 敌方左脚上步，左拳击打我方面部。我方头部稍偏，左掌拦截敌方左腕，化解敌方拳击。（图1-37）

图1-37

2. 随即，我方左手顺势抓拧其腕，右手用力抓按敌方左肘，将其擒拿。（图1-38）

图1-38

3. 动作不停，我方右脚提起，猛劲下踩敌方左腿膝弯，将其制伏。（图1-39）

图1-39

五、跺地腿

跺地腿，也叫"震地腿"，长腿短用，向下发力，脚跟震地，主要伤敌脚骨，轻则致敌进退不能，剧痛难忍，重则骨折趾残。

此腿与踩腿类似，但攻击距离比踩腿要短，招法不多，所以必须贴身使用，否则难发全力。可在与敌僵持或撕扯时，突然向下猛力一震，不易察觉，极易成功。

另外，跺地腿还有一个连招，非常厉害，所谓"震住之后踏着跐"，即下震敌脚之后，踏住再转劲跐之，伤害尤甚，不要轻用。

（一）破抱跺足

【实战举例】

1. 敌方右脚上步；同时，两手将我合抱，紧紧贴住我方，欲使摔法。（图1-40）

图1-40

2. 我方身向下沉，两肘外撑，保持稳定；同时，提起左脚，下跺敌方右脚，伤其脚面，致其剧痛而两手松抱。（图1-41）

图1-41

（二）破抓踝足

【实战举例】

1. 敌方从我方背后出右手抓我右肩。（图1-42）

图1-42

2. 我方向右转身，左手按抓敌方右手，右手下压敌方右臂，逼迫其身体向左侧转。（图1-43）

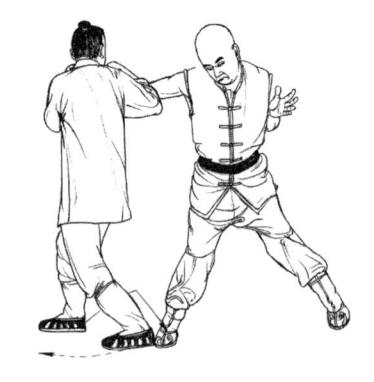

图1-43

3. 动作不停，我方左脚摆步，两手继续用力撇扭，随即提起右腿，猛力下跺，震其右脚，创其脚骨。（图1-44）

图1-44

（三）擒臂跺足

【实战举例】

1. 敌方右脚上步，右拳击打我方面部。我方撤步，右掌拦格敌方右臂。（图1-45）

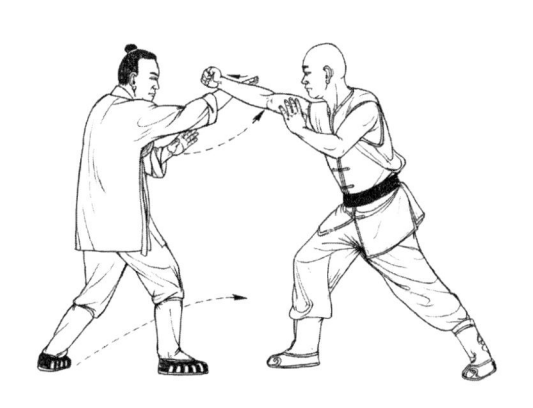

图1-45

2. 随即，我方右手压捋，左手前托敌方右肘，左腿顺势提起。（图1-46）

图1-46

3. 动作不停，我方左脚猛然下跺，震击敌方右脚，致其趾骨受损。（图1-47）

图1-47

（四）破缠跺足

【实战举例】

1. 敌方从身后环臂缠夹我方颈部。我方疾用两手扣抓敌方腕部下拉，头部上伸右转，保持呼吸通畅。（图1-48）

图1-48

2. 随即，我方速提左脚，猛跺敌方左脚，致其疼痛失力。（图1-49）

图1-49

3. 动作不停，我方两手扒开敌方两腕，右臂向右拦扫敌方右腋，右转发力，致其翻跌而出。（图1-50）

图1-50

六、铲刀腿

铲刀腿，使用脚掌外沿（也称脚刀），侧向铲击，可折敌膝节，斫敌胫骨，封其腿根，伤其裆部。

此腿主攻敌方膝关节，最易得手，所以又称"铲膝腿"，与第三招"截步腿"异曲同工，各有妙用。

铲踢时，除直冲力外，暗含沉劲，更易分膝。

（一）切腕铲踝

【实战举例】

1. 敌方左脚上步，左拳击打我方面部。我方撤步，向右转身，左掌向右拦切敌方左腕。（图1-51）

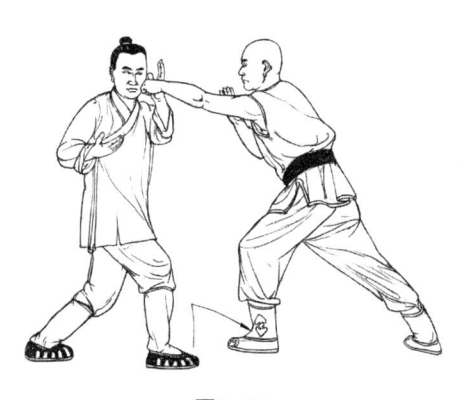

图1-51

2. 动作不停，不待敌变，我方疾向左转，右腿提起向下铲击敌左脚踝，伤其关节。（图1-52）

图1-52

（二）擒臂铲踝

【实战举例】

1. 敌方右脚上步，右拳击打我方胸部。我方两手盖压，抓擒敌方；同时，右腿屈膝提起，封护待发。（图1-53）

图1-53

2. 动作不停，我方右脚疾向下铲，伤敌右踝，将其控制。（图1-54）

图1-54

（三）勾拦铲跌

【实战举例】

1. 敌方进身，右脚弹踢我方裆部。我方向后稍撤，丁步缩身；同时，左手向外勾拦敌方右脚，破解来踢。（图1-55）

图1-55

2. 动作不停，我方左脚顺势铲击，猛踢敌左小腿，致其腿伤而跌。（图1-56）

图1-56

（四）拦臂铲胫

【实战举例】

1. 敌方右脚上步，右拳击打我方面部。我方撤步，避过敌拳，上提左掌，外拦敌臂。（图1-57）

图1-57

2. 动作不停，我方向右转身，左脚旋劲前铲，伤敌右腿前胫。（图1-58）

图1-58

（五）闪步铲膝

【实战举例】

1. 敌我对峙。（图1-59）

图1-59

2. 敌方两脚进步，右拳突然向我方面部冲来。我方见敌来势凶猛，两脚迅疾向右闪跨，移身换位，避过敌拳攻击。（图1-60）

图1-60

3. 动作不停，我方急速还击，左脚铲踢，伤敌左膝，致其跌扑。（图1-61）

图1-61

七、低跺腿

低跺腿，蓄发便利，屈伸连环，属暗腿常用腿法，所谓"侧身跺子正身蹬，屈伸自如要多用"。

此腿侧身发劲，力量很大，震动性强，最易使人跌扑，用好了可一腿将敌踢倒。敌即使不倒，也必身形晃动，重心不稳，此乃可打之机，伺机连击，终能把敌重创。

武当低跺腿，主要攻击腰腹及以下部位，使用时先屈膝侧提，然后伸膝跺出，要求内扣脚尖，平卧脚掌，拧腰送胯，全力快出。

（一）闪步跺胫

【实战举例】

1. 敌方右脚进步，右拳击打我方头部。我方向右转身，左脚向右绕步，避过敌方拳击。（图1-62）

图1-62

2. 动作不停，我方速提左腿，向敌猛跺，伤其右腿前胫。（图1-63）

图1-63

（二）垫步跺膝

【实战举例】

1. 敌方进步，右腿蹬击我方头部。我方撤步，蹲身以避。（图1-64）

图1-64

2. 动作不停，我方闪过，速垫右步，前送左腿，跺击敌方左膝，致其腿伤歪倒。（图1-65）

图1-65

（三）仰身跺膝

【实战举例】

1. 敌方上步进身，左腿扫踢我方头面。我方迅疾仰身，躲避敌腿。（图1-66）

图1-66

2. 敌方腿力刚过，我方不待其变，抢机还击，速提右腿，跺其右膝，致其倒地。（图1-67）

图1-67

（四）顺势跺裆

【实战举例】

1. 敌方右脚上步，右拳击打我方头部。我方左转，含胸俯身，避过敌拳；右腿屈膝后抬，阻滞敌进，蓄势待发。（图1-68）

图1-68

2. 动作不停，我方挺胸展腹，送髋伸膝，右腿顺势跺击，伤敌裆部。（图1-69）

图1-69

（五）拦腿跺膝

【实战举例】

1. 敌方上步进身，左腿蹬击我方左肋。我方闪身左偏，左手反拦敌方左脚。（图1-70）

图1-70

2. 动作不停，我方左腿前跺，伤其右膝。（图1-71）

图1-71

八、低蹬腿

低蹬腿，正向发劲，脚尖勾起，力在脚跟。

"侧身踩子正身蹬"，蹬腿比踩腿稍短，属中距腿法，正身发出，短促杀伤，屈伸自如，易于变化，用途很大。

可依靠手法配合，暗腿偷伸；或先以引手诱敌，乱其架势，乘机蹬踢。

（一）封门蹬裆

【实战举例】

1. 敌方右脚上步，右拳击打我方头面。我方身稍后仰，闪过上门来拳；两手提起，预防中门被袭；右脚前提，阻滞敌方前进。（图1-72）

图1-72

第一章　武当暗腿十八绝

2. 动作不停，我方右腿伸膝前蹬，迎着敌方前扑之势，猛然蹬击敌方裆部，致其重创。（图1-73）

图1-73

（二）架臂蹬膝

【实战举例】

1. 敌方左脚进步，右拳击打我面部。我方左臂上架，格挡敌方右臂，化解敌方拳击。（图1-74）

2. 动作不停，我方急速反击，右腿提起，蹬敌左膝，损其关节。（图1-75）

图1-74　　　图1-75

（三）格腿蹬膝

【实战举例】

1. 敌方进步，右腿蹬踢我方腹部。我方急速撤步，右拳下抡，反格敌右小腿，化解来劲。（图1-76）

图1-76

2. 动作不停，我方两手顺势兜夹敌腿；同时，提起左腿，蹬其左膝，致其歪倒。（图1-77）

图1-77

（四）封拦蹬裆

【实战举例】

1. 敌方右脚上步，右拳击打我方腹部。我方迅疾后撤，丁步缩身；同时，右拳下砸，右肘下压，封拦来拳。（图1-78）

图1-78

2. 动作不停，我方左脚速垫，右腿猛然蹬出，伤敌裆部。（图1-79）

图1-79

（五）拦挡蹬胯

【实战举例】

1. 敌方进身，左腿蹬踢我方胸部。我方向后撤身，两臂屈肘，同时向上拦挡敌方左腿。（图1-80）

图1-80

2. 动作不停，我方速提右腿，向前蹬击，伤敌右腿，或者蹬其胯部，致其跌扑。（图1-81）

图1-81

九、扣绊腿

扣绊腿，是擒跌常用暗腿，即用脚掌扣拦敌方脚跟，或以小腿绊挡敌方小腿，膝部助力，使之不能后退，然后顺势摔跌。

此腿使用时，脚不离地，贴腿使绊，动作幅度较小，有时甚至看不出动形，与猛力巨劲不同，属暗劲范畴。有时只要腿脚到位，直接阻挡敌腿动步即可，原地蓄发，看似没有用力，其实已含扣绊内劲。

一旦大幅发劲，扣绊腿即演变成了勾挂腿。学者多请体会，自有大用。

（一）拦喉绊跌

【实战举例】

1. 敌方右脚进步，右拳栽打我方腹部。我方撤步，沉身下坐；同时，右掌下插，右臂外格，阻截来拳。（图1-82）

图1-82

2. 随即，我方左脚上步扣绊敌方右腿；同时，左臂前伸，横拦敌方咽喉。（图1-83）

图1-83

3. 动作不停，我方左转发劲，左腿绊住不放，左臂向左旋压，致其滚跌在地。（图1-84）

图1-84

注意：要想摔敌，绊腿非常重要，它可在我发劲时，使敌难以避让，无法逃脱，而且敌受力后容易失衡，力到即倒。

（二）甩压扣跌

【实战举例】

1. 敌方左脚进步，左拳击打我方面部。我方退步吞身，左掌绕转上挑，格挡敌方左腕。（图1-85）

图1-85

2. 动作不停，我方右脚上步，后扣敌方左脚；同时，右掌上穿，兜夹敌方左臂，两臂绞剪，将其控制。（图1-86）

图1-86

3. 随即，我方上身前靠，右掌甩压敌方面门，右肘挤压敌方左胸，致其后倒。（图1-87）

图1-87

（三）扣绊拦跌

【实战举例】

1. 敌方移步之际，右腿蹬踢我方腹部。我方撤步，右掌向下挂拨，阻截敌方右腿。（图1-88）

图1-88

2. 动作不停，我方向右转身，左脚上步，后扣敌方左脚；同时，两手顺势兜夹敌方右腿。（图1-89）

图1-89

3. 随即，我方左掌反挥，甩其面门，左臂靠挤，拦压其胸，合力跌敌，致其后倒。（图1-90）

图1-90

十、低扫腿

低扫腿，用脚背向前横踢，转腰发劲，力量很大。
此腿多用来强攻敌方下盘，如裆部、膝部。
此招踢击时，动作较大，拧腰转髋，强劲有力。

（一）托肘扫膝

【实战举例】
1. 敌方右脚上步，左拳击打我方头面部。我方侧步闪身，避过敌拳，右手顺势托拦敌方左肘。（图1-91）

图1-91

2. 动作不停，我方向前进身，右腿收提，脚背发力，扫踢敌方左膝。（图1-92）

图1-92

（二）闪身扫裆

【实战举例】

1. 敌方右脚上步，右拳击打我方面部。我方上体右转，闪过来拳。（图1-93）

2. 动作不停，我方向左转体，右腿横扫，踢敌裆部。（图1-94）

图1-93

图1-94

（三）退步扫膝

【实战举例】

1. 敌方右脚上步，右拳击打我方面部。我方迅疾退步，避过敌拳，左臂竖起，阻其连击。（图1-95）

图1-95

2. 动作不停，我方身向左转，右腿提起，向前扫踢敌方右膝。（图1-96）

图1-96

（四）封拦扫膝

【实战举例】

1. 敌方进步，右腿踩击我方胸部。我方撤步，两臂屈肘，一齐拦格，破解来踢。（图1-97）

图1-97

2. 动作不停，我方两臂前推，向右旋身，猛然发力，左脚扫踢，伤敌左膝。（图1-98）

图1-98

（五）外拨扫胯

【实战举例】

1. 敌方右脚上步，左拳击打我方面部。我方退步，左手上提，掌背外格，拨敌左肘。（图1-99）

图1-99

2. 动作不停，我方向左旋身，提起右腿，扫踢敌方裆下，致其受伤。（图1-100）

图1-100

十一、后撩腿

后撩腿，也叫"后炝腿"，向后屈膝，小腿后抬，大腿随之稍向后摆，以前脚掌或脚跟发力，主攻下门，劲法特殊，短促突击。

（一）盖步撩裆

【实战举例】

1. 敌方右脚上步，右拳击打我方面部。我方旋即右转，左脚盖步，偏身避过。（图1-101）

图1-101

2. 动作不停，我方左腿借踏地反弹劲向后撩踢敌裆。（图1-102）

图1-102

（二）撤步踢尾

【实战举例】

1. 敌方右脚垫步，左脚弹踢我方膝部。我方迅疾撤步，侧身避过。（图1-103）

2. 动作不停，我方不待敌变，右脚插步，速起左脚，脚跟发力，撩敌尾闾。（图1-104）

图1-103　　　　　　图1-104

（三）盖步撩膝

【实战举例】

1. 敌方右脚上步，右拳击打我方面部。我方向右旋身，左脚盖步，侧身避过。（图1-105）

图1-105

2. 动作不停，我方向左回身，左脚向后撩踢，伤敌右膝。（图1-106）

图1-106

（四）转身伤腿

【实战举例】

1. 敌方进身，右腿高踢我方头部。我方迅疾右转，沉身避过。（图1-107）

图1-107

2. 动作不停，我方借沉身之势，右脚稍垫，左脚猛然撩起，踢击敌方右腿，致其剧痛前扑。（图1-108）

图1-108

（五）抱腿撩膝

【实战举例】

1. 敌方进身，右腿蹬击我方胸部。我方滑步避过，两手乘机上抄，兜抱敌方右腿，沉身后捋。（图1-109）

图1-109

2. 动作不停，我方两手放开，向右翻身，右脚撩踢敌方左膝，将敌踢倒。（图1-110）

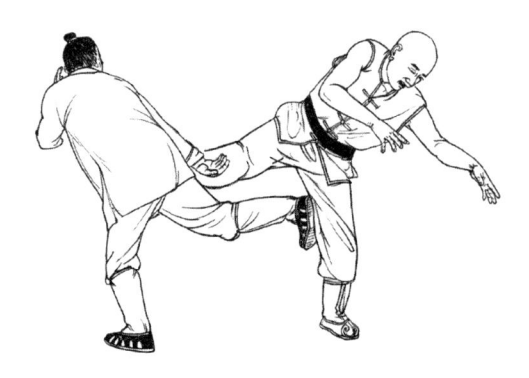

图1-110

十二、撩阴腿

撩阴腿，从下向上踢击，多用脚尖发劲，主攻敌方裆部，故名。

此腿一般原地撩击，突然弧线上踢，隐蔽性很强，常能出奇制胜，又名"裙里腿"。

（一）插掌撩阴

【实战举例】

1. 我方左脚进步，右掌插击敌方眼部。敌方沉身，右臂格压。（图1-111）

图1-111

2. 动作不停，我方速收右掌；同时，右脚撩踢，伤敌裆部。（图1-112）

图1-112

（二）绕步后撩

【实战举例】

1. 敌方左脚进步，左拳击打我方面部。我方见敌势猛，右脚摆步，闪身避过，左掌顺势上拨敌臂。（图1-113）

图1-113

2. 随即，我方两脚绕步，进至敌身左后。（图1-114）

图1-114

3. 动作不停，我方向左转身，右脚撩踢，从后伤其裆部。此招又名"尾后撩阴腿"。（图1-115）

图1-115

十三、搓地腿

搓地脚，贴地用力，用前脚掌前搓，非常便利；或用全脚掌侧搓，非常有力，主要攻击敌方脚趾、脚面，致其疼痛失力，受伤难动。

发力时，一腿伸膝搓出，另一腿要屈膝助力，搓腿一旦触敌，不要脱离，压住用劲，一可防敌逃脱，二可加大杀伤力。

（一）放长搓足

【实战举例】

1. 敌方右脚上步，右拳击打我方面部。我方左脚略收，向右偏身，避过敌拳。（图1-116）

图1-116

2. 动作不停，我方右膝略屈，使左腿放长，用力向前搓击敌方右脚，致其疼痛难忍，脚伤难动。（图1-117）

图1-117

（二）翻身搓足

【实战举例】

1. 敌方右脚上步，右拳击打我方面部。我方向右转身，左脚盖步，侧闪避过。（图1-118）

图1-118

2. 动作不停，我方继续右转，翻过身来；同时，左腿屈蹲，伸开右腿，搓击敌方右脚。（图1-119）

图1-119

（三）下势远搓

【实战举例】

1. 敌方右脚上步，左拳崩打我方面部。我方撤步退身，避过敌拳，左掌上挑，拦格敌臂，向外化劲。（图1-120）

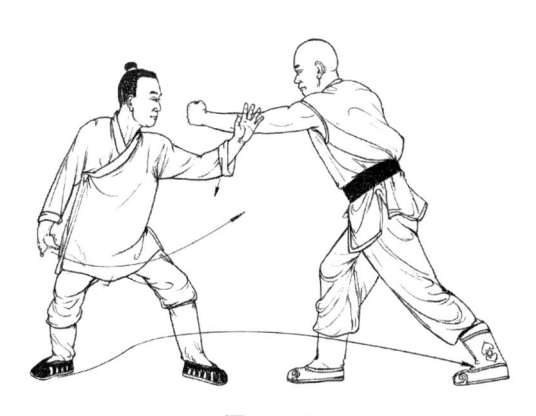

图1-120

2. 动作不停，我方向左转体，左腿屈蹲，桩势下沉，右腿放长击远，猛劲前搓，伤敌左脚。（图1-121）

图1-121

十四、勾挂腿

勾挂腿，脚尖勾起，边门弧劲，向前、向上发力，主要踢击敌方小腿、膝关节、脚后跟，速度快，有力量，不易防，是非常实用的暗腿绝技。

此腿用好了，单用即可制胜，即在敌刚进步时，乘其立足未稳，快速勾挂，往往一踢即倒，无需多费力。

（一）顺势勾挂

【实战举例】

1. 敌方左脚进步，左拳崩击我方面部。我方退步沉身，左掌上抬，拦切敌臂。（图1-122）

图1-122

2. 动作不停，我方速向左转，右脚向前勾挂，猛击敌左脚跟，将其踢倒在地。（图1-123）

图1-123

（二）大弧勾挂

【实战举例】

1. 敌方左脚进步,左拳冲打我方头部。我方左脚盖步,侧身避过。（图1-124）

图1-124

2. 动作不停,我方向左转体,右脚向前勾挂敌方左脚,大弧扫劲,势猛难挡,致其倒地。（图1-125）

图1-125

（三）砍腿勾挂

【实战举例】

1. 敌方急步进身，左脚蹬踢我方胸部。我方疾后撤身，猛提两掌，斜砍敌方左腿，阻截敌方踢击。（图1-126）

图1-126

2. 动作不停，我方左脚前移，右脚对准敌方右脚勾踢，将其踢翻在地。（图1-127）

图1-127

（四）切喉勾跌

【实战举例】

1. 敌方右脚上步，右拳击打我方面部。我方撤步，右掌上拦，抓其右腕。（图1-128）

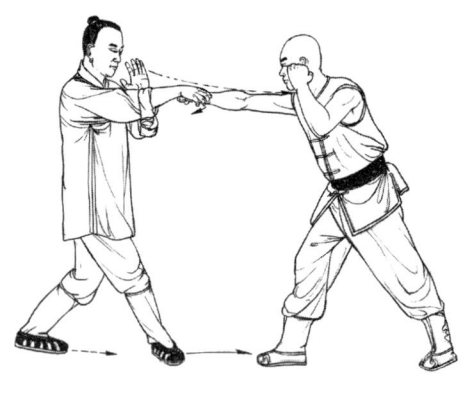

图1-128

2. 随即，我方右手下牵，向右旋身，两脚前滑，左掌切击敌方咽喉。（图1-129）

图1-129

3．动作不停，我方右脚稍撤，左脚猛力向前勾踢敌方右脚；同时，右手松握，左手反勾，将其摔倒。（图1-130）

图1-130

（五）接腿勾跌

【实战举例】

1．敌方进步，左鞭腿踢击我方右肋。我方退步，身体右旋，两臂兜接，控其左腿。（图1-131）

图1-131

2. 动作不停,我方左手扒压,拧身发力,右脚勾挂敌方右腿,将其踢倒在地。（图1-132）

图1-132

十五、外撇腿

外撇腿,即用脚后跟或小腿后侧部位向外发力,主要攻击敌方小腿,破坏其桩步稳定,将敌别倒在地。

（一）擒拿撇跌

【实战举例】

1. 敌方右脚上步,右拳击打我方面部。我方撤身,上提右手,拦敌右臂外侧,化解来拳。（图1-133）

图1-133

2. 随即，我方右掌反抓敌方右腕，向其右后旋扭上提；同时，右脚进步，后绊敌方右腿。（图1-134）

图1-134

3. 动作不停，我方右腿突然向后撒踢，挑起敌方右腿，致其歪倒，折其右肘。（图1-135）

图1-135

（二）劈压撒摔

【实战举例】

1. 敌方左脚进步，左拳击打我方面部。我方撤身闪过；同时，左手反拦敌方左腕。（图1-136）

图1-136

2. 随即，我方左手抓敌左腕后拽，右臂按压敌方左臂；同时，右脚伸向敌方左腿内侧（悬脚）。（图1-137）

图1-137

3.动作不停，我方右掌劈压敌方面门，右腿向后撒踢敌左小腿，致其失衡前趴。（图1-138）

图1-138

（三）兜夹撒摔

【实战举例】

1.敌方上步进身，左鞭腿踢击我方头部。我方迅疾侧闪，两肘兜夹敌方左腿。（图1-139）

图1-139

2. 随即，我方右脚插步，两肘夹紧向右上旋，使其站立不稳。（图1-140）

图1-140

3. 动作不停，我方左腿猛然撇踢敌方右腿，两肘夹带侧送，致其远跌而出。（图1-141）

图1-141

十六、绞丝腿

绞丝腿，贴身使用，屈膝提腿，多以小腿、脚掌、膝弯等部用力缠劲，绞别敌方大腿、小腿或膝关节，致其难动，迫其歪斜，最后跌扑敌方。

与敌抓拉撕扯时，利用此腿里绞和外绞，可以防护敌方对我方裆部以下的攻击；也可用来控制敌腿，致其被动，顺势发力，将其摔倒。

（一）绞丝反推

【实战举例】

1. 敌方右脚上步，右拳摆击我方头部。我方撤步，左掌上拦，切敌右臂。（图1-142）

图1-142

2. 动作不停，我方右脚进步，左脚从内缠绕敌方右小腿向上勾提；同时，左手抓压敌方右肘，手脚合劲，迫其身歪不稳。（图1-143）

图1-143

3. 我方左脚猛然一绞，随即下落，两手助力反推，将敌摔躺在地。（图1-144）

图1-144

（二）绞丝正推

【实战举例】

1. 敌方右脚上步，从前面搂抱住我，欲行摔跌。（图1-145）

图1-145

2. 我方急提左脚，从内缠绕敌方右腿。（图1-146）

图1-146

3. 动作不停，我方左脚用劲向后盘绞；同时，两掌抖劲前推，致敌歪坐于地。（图1-147）

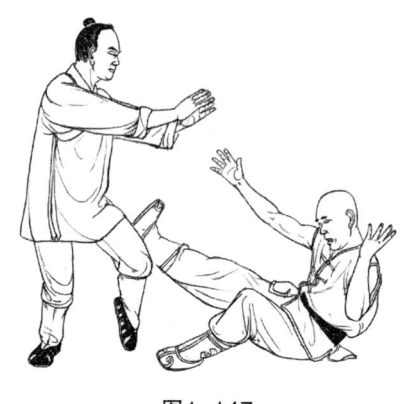

图1-147

（三）绞丝坐压

【实战举例】

1. 敌方从后偷袭，将我环抱，欲使摔法。（图1-148）

图1-148

2. 我方左脚急速缠绞敌方右小腿（在前），臀部猛力下坐，致其躺倒在地，右肘随即下捣其心窝，重创敌方。（图1-149）

图1-149

十七、跪压腿

跪压腿，技法隐蔽，多用脚掌或脚跟绊贴敌方脚跟，顺势用小腿前胫或膝盖跪压敌方小腿，致其伤折。

（一）擒臂前压

【实战举例】

1. 敌方左脚进步，左拳击打我方面部。我方撤步，两掌拦切敌方左臂。（图1-150）

图1-150

2. 动作不停，我方左手抓拧敌方左腕，右肘用力按压敌方左肘，将其擒拿；同时，右脚垫步，左脚上步内绊敌方左腿，左膝顺势盘跪敌方左膝，猛向前压，伤其关节。（图1-151）

图1-151

（二）进步盘压

【实战举例】

1. 敌方右脚上步，右拳猛然冲击我方面部。我方向左偏身，避过敌拳，右脚乘机进至其右脚外侧。（图1-152）

图1-152

2. 动作不停，我方右掌架拨敌方右臂；同时，右膝猛然向前跪压，伤敌右胫，致其后倒。（图1-153）

图1-153

（三）擒拿侧跪

【实战举例】

1. 敌方右脚上步，右拳击打我方面部。我方迅疾退步，避过敌拳，左掌拦敌右臂。（图1-154）

图1-154

2．随即，我方左掌旋抓敌方右腕，右肘向上提挎敌方右肘；同时，右脚前垫，左脚进步，后别敌方右腿。（图1-155）

图1-155

3．动作不停，我方右掌盘压敌方右肩；左腿屈膝内扣，向下猛压敌方小腿，致其跪地，将其擒伏。（图1-156）

图1-156

十八、里磕腿

里磕腿，刮旋盘挂，多用脚掌发力，向里划劲磕击，主攻敌方小腿、膝关节、踝关节。

防守时，里磕腿可用来封闭裆部，防敌来击，或拦截敌方来腿，化解其劲。

（一）垫步磕摔

【实战举例】

1. 敌方右脚上步，右拳击打我方面部。我方左脚撤步，右臂上架，格挡敌拳。（图1-157）

图1-157

2. 随即，我方右手旋抓敌方右腕向上牵提；同时，右脚向后撤步。（图1-158）

图1-158

3. 动作不停，我方右脚垫步，提起左脚，猛然磕击敌右小腿；同时，左手向前拦甩敌方下颌，致其歪倒。（图1-159）

图1-159

（二）闪步磕摔

【实战举例】

1.敌方进步，右腿跺击我方腹部。我方向左闪步，右掌反划，格其右腿。（图1-160）

图1-160

2. 动作不停，我方右掌上抬敌方右腿；同时，右转发力，左脚磕击敌方左脚，致其翻身滚地。（图1-161）

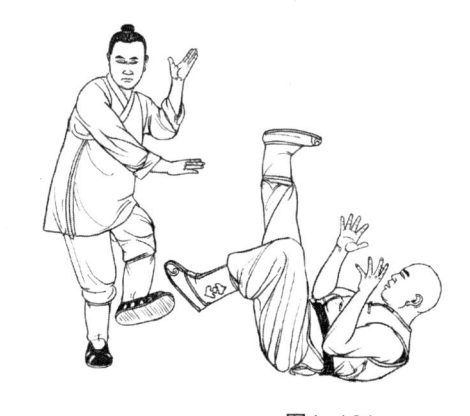

图1-161

（三）控腿磕摔

【实战举例】

1. 敌方进步，右腿蹬踢我方胸部。我方左手上抄，左肘兜挎敌方右腿。（图1-162）

图1-162

2. 随即，我方左手搂抓敌方小腿，右掌按压敌方右膝，将其控制。（图1-163）

图1-163

3. 动作不停，我方右脚向前磕击敌方左踝，致其前扑于地。（图1-164）

图1-164

第二章

武当暗腿连环套

　　武当暗腿连环套，俗称"武当暗踢连环腿"，是武当暗腿的一个优秀套路，被誉为"暗腿锁钥，低踢秘技"。

　　本套共18势，招法不多，容易自学，特此推荐。

　　通过练习本套招法，即可迅速提高暗腿技术，使动

作协调，收发灵利；发劲顺溜，功力提高；步灵身活，眼明手快；架势整壮，体质增强。

"拳打千遍，其招自见。久练自化，熟极自玄。"持恒苦练，熟能生巧，巧能生妙，功力上身，自成绝技，而入神化之境。

一、道士揽衣

【练法分解】

1. 两脚并步,正身站立,两掌垂于体侧,全身放松。目视前方。(图2-1)

2. 左脚横开一步,两脚间距约同肩宽;同时,两掌向上提旋,横掌相抱于腹前,左上右下,掌心内含。目视前下。(图2-2)

图2-1

图2-2

3. 两掌在腹前如抱球般揉转，右掌在外向左经左臂外侧向上划弧至胸前，掌心向下，指尖向左；左掌向下抢转，使掌心向上，指尖向右，置于小腹前。目视右掌。（图2-3）

4. 右掌向左、向下划弧，经下腹时成勾手；同时，右腿缓缓屈膝提起。右手不停，收于右腰侧，勾尖向后，勾顶贴腰；左掌上提至右胸侧时，右脚落步踩地。随即，左脚内收提起，随左转身向左前落步，前脚掌着地，重心落于右腿，成左虚步；左掌不停，向左前穿成托掌，左臂稍屈，约与喉平。目视左掌。（图2-4）

图2-3

图2-4

二、孤雁出群

【练法分解】

1. 重心移于左腿，屈膝半蹲，右脚稍提，勾紧脚尖，脚跟擦地向左前方踢出，脚尖上翘；同时，右勾手转腕变掌，向左划至左上臂前侧，掌心向前，指尖向上；左掌向右划至右上臂下侧（右肋侧），掌心向上，指尖向右。目视左前下。（图2-5）

2. 右脚向右后划半弧，落于左脚旁，屈膝半蹲，左脚尖内扣，成扣裆步；同时，左掌向左横形上格，掌心斜向右，指尖向上，约与额平；右掌下按于左腋前，指尖向左。目视左方。（图2-6）

图2-5

图2-6

3. 左掌向前、向右划弧至右肩前，指尖向右，掌心向下；右掌翻转，前穿至左腹侧，掌心向上；同时，左脚稍提，向左前下铲出，脚尖内扣，略高于踝。目视左下方。（图2-7）

图2-7

4. 左脚落地，两腿屈蹲成马步；同时，上体左旋，左掌向内旋转，屈肘推出，约与肩平，指尖向右，虎口向下；右掌外旋，直臂推出，约与腹平，掌心向左，指尖斜向下。目视前方。（图2-8）

图2-8

三、懒龙卧道

【练法分解】

1. 左脚尖外展，两腿屈膝坐盘，右脚跟提起；同时，左掌右划，护于右肩前，虎口对肩，指尖向上；右掌顺势插向左前下方，手形不变。目视右掌。（图2-9）

图2-9

2. 左腿蹲稳，右腿横形踹出，脚掌斜卧，脚尖向左，约与膝平；两掌协动。目视右下方。（图2-10）

图2-10

3. 右脚向前落地，脚尖外展，左脚尖内扣，悬起脚跟，两腿屈膝坐盘；同时，右掌左划护于左肩前，虎口对肩，指尖斜向上；左掌转腕向右前方下插，指尖斜向下，掌心向前。目视左掌。（图2-11）

图2-11

4. 右腿稍起，左腿横形踩出，脚掌斜卧，脚尖向前，约与左膝平；两掌协动。目视左下方。（图2-12）

图2-12

四、仙驴尥蹶

【练法分解】

1. 左脚向前落地成左弓步；同时，右掌向左前方推出，掌心向前，指尖向上，约与眼平；左掌向右划弧，收至右腋下，掌心向外。目视右掌。（图2-13）

2. 右脚向左脚后垫步，随即重心移至右腿，左腿向左后反尥，约与胯平；同时，右掌向右上划弧，过顶屈臂，置于头部右侧，掌心向左，指尖向上，约与额平；左掌撮指成勾，往后撩出，置于左腿上方，勾尖向后。目视左下方。（图2-14）

图2-13

图2-14

3. 上身左转，左脚向前落地，右脚左扣成左弓步；同时，左勾内挽一圈变掌，向左前上方穿出，约与眼平，掌心向上，指尖向前；右掌经头顶向左前划弧，穿托于左肘内侧，指尖向前。目视左掌。（图2-15）

图2-15

4. 重心移至左腿，提起右脚向后反炝，约与胯平；同时，右掌向右下反撩于右腿上，虎口向下，指尖向后；左掌斜伸于左上方，掌心向右，指尖向上，约与头平。目视右下方。（图2-16）

图2-16

五、锦鸡撒膀

【练法分解】

1. 左腿屈膝下蹲,右脚向右前下方搓出;同时,右掌屈肘下沉,约与胯平,掌心向上,指尖向右前方;左掌按至胸前,掌心向下,指尖向右。目视右下方。(图2-17)

2. 右掌内旋,向脚踝伸臂下插,虎口向下,掌心向外,上身前俯;左掌外旋,落于左肋侧,掌心向上。目视右掌。(图2-18)

图2-17

图2-18

3. 重心右移,右脚前摆,左膝下沉,成右跪步;同时,左掌向右前方伸臂插出,约与口平,掌心向下;右掌左划,收至左腋下,掌心向下。目视左掌。(图2-19)

图2-19

4. 左脚向右前方弹踢，脚尖向前，稍高过膝；同时，右掌向前插出，掌心向下，指尖向前，约与喉平；左掌收于左腰间，掌心向上。目视右掌。（图2-20）

5. 上身左转，左脚向左后落地，右脚内扣，两腿屈蹲，左脚跟提起成左丁步；同时，左掌旋划（内含滚裹之力），屈肘托掌于左前方，掌心向上，约与眼平；右掌收于右腰间，掌心向上。目视左掌。（图2-21）

图2-20

图2-21

6. 右脚前进一步，左腿屈膝提起，上体右转，成右独立步；同时，右掌向前上穿，右肘微屈，掌心向上，指尖斜向前；左掌屈肘下收，置于左腰间。目视右掌。（图2-22）

图2-22

7. 左脚向左侧落步伸出，脚尖里扣，右腿屈膝下蹲成左仆步；同时，上身前俯，左掌向左反臂撩出，掌心向上，虎口向外；右掌向右反臂穿出，指尖斜向上，虎口向外。目视左掌。（图2-23）

图2-23

六、青龙缠柱

【练法分解】

1. 身体上起，右脚向左前弧形上步，脚尖扣步，随之上体右转；同时，左掌向上划弧举架于头顶左外侧，虎口向下，指尖向右；右掌下收于右腹前侧，掌心向上。目视右方。（图2-24）

图2-24

2. 右脚向前划弧扣步，成右弓步，随即上体左转；同时，左掌向左后下方反插，约与胯平；右掌收于左肩前，指尖向上，掌心向左，身略右倾。目视左掌。（图2-25）

3. 两脚摆扣，成左弓步；同时，两掌旋转，于身前成抱球状，右上（胸位）左下（腹位）。目视左前方。（图2-26）

图2-25

图2-26

4. 重心移至左腿，上体左转，右脚提起向前、向左、向内缠裹一周，屈膝撩起，脚尖斜向后，略高过膝；同时，右掌下按于右腰侧，左掌上托于左肩前。目视右下方。（图2-27）

图2-27

5. 右脚前脚掌落地，脚跟提悬，膝部下沉，左腿屈蹲，成左高跪步；同时，右掌下撩，指尖向下，掌心向外；左掌屈肘稍提。目视右下方。（图2-28）

图2-28

七、龟蛇合演

【练法分解】

1. 重心移至左腿，右脚向左前方勾踢而出；同时，右掌变勾手向前、向下、向右划弧，撩挂于胯后，勾尖向上；左掌推至右肩前，指尖向上，掌心向外。目视前下方。（图2-29）

2. 右脚向内划弧一周，向前下踩而出，高与左膝平；同时，右勾手向前方甩出，伸指成掌，掌心向上，约与喉平；左掌下按，护于右上臂内侧，指尖向右。目视右掌。（图2-30）

图2-29

图2-30

3. 右脚向前落步，重心前移，左脚向前勾踢而出，略低于膝；同时，左掌成勾手，划弧外挂，勾尖向上，约与胯平；右掌屈肘护于左肩前，指尖向上，掌心向左。目视左脚。（图2-31）

图2-31

4. 左脚向内划弧一周，向前下踩而出，约与膝平；同时，左勾手向前上方甩出，伸指成掌，掌心向下，约与腹平；右掌稍按，仍置于左肩前，指尖斜向上。目视左掌。（图2-32）

5. 左脚踩劲落地，脚尖外摆，右膝内扣，右脚跟抬起，成扭步；同时，右掌向前、向内划弧下插，指尖向下，掌心向外，高与腹平，右臂屈肘，上提过顶；左掌向下按至腹前，掌心向下，指尖斜向右。目视前下方。（图2-33）

图2-32

图2-33

八、雄鸡采花

【练法分解】

1. 两脚摆扣，上体右转，两膝略夹；同时，右掌向下、向右划弧上穿，屈肘竖臂，指尖向上，掌心向内，高过头顶；左掌转按于右腰前，指尖向右，掌心向下。目视右下方。（图2-34）

2. 身体左转，重心落于右腿，左脚向左前下方铲出，约与右膝平；同时，左掌向左前方反撩，指尖向下，掌心向外，臂成半弧状，约与胯平；右掌下收于右肋侧，掌心向上，指尖向左。目视左脚。（图2-35）

图2-34

图2-35

3. 向左转体，左脚落地，脚尖外展，右脚提起，向前蹬出，约与裆平；同时，右掌前穿，置于右膝上方，掌心向上，指尖向前；左掌向外、向上托起，掌心斜向上，指尖向前，约与眼平。目视右脚。（图2-36）

4. 右脚向前落地，两腿盘步，屈膝向下沉坐；同时，向右转身，右掌向右下方反穿，掌心向上，指尖向右，约与右膝平；左掌向左屈肘架起，虎口向下，指尖向右，稍高过顶。目视右掌。（图2-37）

图2-36

图2-37

5. 两腿立起，左转体约半周，两腿屈膝成左高虚步；同时，左掌向左划弧拦压，横于额前，掌背向上，指尖向右；右掌划弧下按于小腹之前，掌心向下，指尖向前。目视前方。（图2-38）

图2-38

6. 重心落于左腿，右脚向左前方铲出，约与左膝平；同时，右掌向右上方盖出，指尖斜向前，臂成半弧状，约与额平；左掌下压，置于右臂内侧，掌心向下，指尖向前。目视右下方。（图2-39）

7. 右脚落地，脚尖外展，重心前移，左脚提起，向前蹬出，约与裆平；同时，左掌前穿至左膝上方，掌心向上，指尖向前；右掌勾腕，向上稍提，指尖向前，手腕过顶。目视左前方。（图2-40）

图2-39

图2-40

8. 左脚向前落地，两腿盘步，屈膝向下沉坐，右脚跟抬起；同时，向左转身，左掌向左后方反手下穿，虎口向后，掌心向上，约与胯平；右掌向右后方划弧，环臂于右肩前侧，虎口向下，指尖向左。目视左掌。（图2-41）

图2-41

九、鹞子翻身

【练法分解】

1. 右脚跟落地踏实，重心移至右腿，左脚向左侧伸出，成左仆步；同时，身体向左前俯，左掌顺势直臂下插，置于左脚上方；右掌向右直臂上撩，指尖斜向上，掌心向左。目视左掌。（图2-42）

2. 伸腿立身，左脚向正前方划弧扣步，两膝内裹；同时，左掌向右裹抱于右肋侧，掌心向上，指尖向右；右掌向左裹抱于左上臂前侧，掌心向上，指尖向左。目视左下方。（图2-43）

图2-42

图2-43

3. 左脚外摆，右脚向左前方扣步，脚尖斜向左，两膝内裹；同时，右掌向右前方划弧穿出，内含滚钻之劲，约与眼平，掌心向上，指尖斜向右前方；左掌转腕下按，置于右肘下方，掌心向下，指尖斜向右。目视右掌。（图2-44）

图2-44

4. 右脚外展，左脚向右划弧扣步（脚尖内翘），重心落于右腿，两膝内裹；同时，左掌外旋向右上穿，掌心向上，指尖向左，约与眼平；右掌内旋下落于左臂内侧，指尖斜向左。目视左方。（图2-45）

图2-45

112

5. 右脚外展，身体右转，左脚向右前方弧形上步，成扭步；同时，右掌向右划弧上撩，肘部略屈，指尖斜向上，约与额平；左掌内旋下收于腹前，掌心向下，指尖向右。目视右掌。（图2-46）

图2-46

6. 左脚外展，身体左转，右脚向左划弧一周扣步，脚尖内翘；同时，右掌向左划弧摆臂，伸至右侧，掌心仍向上，约与肩平；左掌稍提至右腋前，掌心向下，指尖向右。目视右掌。（图2-47）

图2-47

十、乌龙卷尾

【练法分解】

1. 右脚向右外摆踢，脚掌横卧，脚尖勾起，略高于左踝；同时，右掌转腕握拳，向内伸臂翻压，拳眼向下，拳心向后，约与腰平；左掌左划，置于左腮前。目视右脚。（图2-48）

2. 身体右转约半周，右脚继续向右后摆踢落地，右膝半跪，右脚跟略提，左脚内扣，屈膝半蹲；同时，右拳变掌，抖劲后按，约与胯平；左肘上提，约与顶平，左掌置于左胸旁，掌心向下，指尖向右。目视右掌。（图2-49）

图2-48

图2-49

3. 右脚内扣，左脚向左后撩踢，脚尖向下，略低于右膝；同时，上体左转，左掌向右前方平伸撩出，掌心向上，约与肩平；右掌上提，护于左上臂内侧，指尖向上。目视左下方。（图2-50）

图2-50

十一、灵蛇搜裆

【练法分解】

1. 左脚外旋落地，随即向左转身，右脚向前方撩踢而出，脚背绷直，稍高过膝；同时，左掌向左摆臂前插，掌心向下，指尖向前，约与喉平；右掌收于右肋侧，掌心向上，指尖向前。目视左掌。（图2-51）

图2-51

2. 右脚向前落步，右腿略屈，左腿向前撩出，脚背绷直，稍高过膝；同时，右掌向前插出，约与喉平，掌心向下，指尖向前；左掌收于左腰间，掌心向上。目视右掌。（图2-52）

3. 向右转体约半周，右脚外展，左脚向右脚落步，两脚并步屈蹲；同时，右掌向下划弧，向前上穿，掌心向上，右肘略屈，约与鼻平；左掌下按于左胯外侧，掌心向下，指尖向前。目视右掌。（图2-53）

图2-52

图2-53

4. 左腿稍起，右脚向前方撩出，脚背绷直，约与左膝平；同时，左掌向前直臂前插，掌心向下，指尖向前，约与喉平；右掌收于右腰间，掌心向上，指尖向前。目视左掌。（图2-54）

图2-54

5. 右脚向前落步，右腿略屈，左腿向前撩出，脚背绷直，约与右膝平；同时，右掌向前直臂插出，约与鼻平，掌心向下，指尖向前；左掌外旋，落于右肘下方，掌心向上，指尖向前。目视前方。（图2-55）

图2-55

6. 左脚向前落步，右脚跟左摆，左脚跟提起，扭步右转；同时，右掌向右划臂反拦，约与腰平，虎口向下，指尖向右；左掌护于右肩前，指尖斜向上。目视右掌。（图2-56）

图2-56

十二、狸猫上树

【练法分解】

1. 左脚跟落地，上体左转，右腿屈膝提起，右脚尖向前；同时，左掌向左前上托，左肘略屈，掌心向上，约与口平；右掌收至右腰间，掌心向上。目视左掌。（图2-57）

图2-57

2. 右脚尖外展，脚掌向前下方伸膝截出，约与左膝平；同时，两掌一起内旋下按，约与上腹平，指尖斜相对，掌心皆向下。目视左掌。（图2-58）

图2-58

3. 右脚向前落步，两腿扭步，左脚跟提起，膝部略跪；同时，左掌外旋，向前插出，虎口向上，指尖向前，约与肩平；右掌外旋，插至左肘下。目视左掌。（图2-59）

4. 重心移至右腿，左脚提起，外展脚尖，脚底向前截出，约与右膝平；同时，两掌一起划弧略成抱球状，左掌收至腹前，指尖向右，右掌提至胸前，指尖向左。目视前下方。（图2-60）

图2-59

图2-60

5. 左脚向前落步，右腿稍屈，成高跪步；同时，两掌内旋转腕一起向前推出，两掌根与肩平，指尖向上，掌心向前。目视两掌。（图2-61）

图2-61

十三、狮子抱球

【练法分解】

1. 上体右转，右腿屈膝半蹲，左脚后收，屈膝提于右腿内侧，左脚尖向前；同时，两掌后划，略成抱球状，右掌在胸前，左掌在腹前。目视右掌。（图2-62）

图2-62

2. 左脚跺地落于右脚内侧，两腿屈膝半蹲，右脚跟稍提成丁步；同时，右掌向前下划弧翻转，置于左掌下，掌心向上，指尖向左；左掌顺势下沉，贴住右掌。目视前上方。（图2-63）

图2-63

3. 右脚向前一步，脚尖内扣，两腿内裹；同时，右掌向前翻甩而出，掌心向内，指尖向上，约与顶平，臂成半弧状；左掌上提，护于右肘下，指尖斜向前，掌心向下。目视前下方。（图2-64）

4. 左脚从右脚前向右后划弧迈步，身随步转，两膝内裹；同时，左掌向右上方划弧，屈肘拦推，掌外沿向前，指尖向右，约与肩平；右掌下划，护于左臂下，掌心向下。目视左下方。（图2-65）

图2-64

图2-65

5. 右脚经左脚内侧向右绕步，上身右转，右膝稍展，左膝稍扣；同时，右掌向右前划半弧拦拨，指尖向上，掌心向右，约与额平；左掌下划，护于右肘下，指尖斜向右，掌心向下。目视右掌。（图2-66）

图2-66

6. 左脚向右脚前外侧弧形绕步，两脚稍扣，两膝内裹，身随步转；两掌不变。目仍视右掌。（图2-67）

图2-67

十四、拐李叩门

【练法分解】

1. 右脚外展，上体右转，提起左脚，脚掌向右磕击，脚尖向前，约与右膝平；两手协动。目视右下方。（图2-68）

2. 右脚跟内蹍，左脚尖内转，左脚底向右下踩，脚尖斜向上；同时，两掌下按助劲，左掌置于右肋前，指尖向右；右掌置于胸前，指尖向左。目视前下方。（图2-69）

图2-68

图2-69

3. 左脚外展落地，右脚随之提起，脚掌向前内磕，脚尖斜向前，略与左膝平；同时，左掌向前划弧外拦，约与肩平，指尖斜向前，掌心向下；右掌下按，置于腹前。目视前下方。（图2-70）

图2-70

4. 右脚腕顺势内勾，脚掌横卧，脚尖向左，向前铲出，约与膝平；同时，右掌寸劲前插，掌心向下，指尖向前，约与肋平；左掌收抱于左腰间，掌心向上。目视前下方。（图2-71）

5. 右脚落步，左脚提起，向前蹬出，膝部略屈，脚尖向上，约与裆平；同时，左掌前穿，掌心向上，指尖向前，约与胸平；右掌屈腕上提，约与额平。目视左前方。（图2-72）

图2-71

图2-72

十五、天马行空

【练法分解】

1. 左脚向前落步，膝部稍屈，上体右转约半周，右脚外展，成高跪步；同时，右掌向右拦出，垂肘竖臂，指尖向上，掌心向左，高过头顶；左掌向右下方划弧，按于右肋前，指尖向右。目视右方。（图2-73）

2. 右脚尖外展，两膝下沉，身体右转，左脚跟提起，两腿扭步；同时，左掌外旋，抄至右大腿外侧，指尖斜向后，掌心向上；右掌下按，护于左肩前，掌心向左，指尖向上。目视左前方。（图2-74）

图2-73

图2-74

3. 右脚稍扣，重心前移，左腿屈膝向前提起，向前崩劲，脚尖斜向下，略高于右膝；同时，左掌向上、向左上穿，掌心向上，指尖向前，约与喉平；右掌下划，后按于右腰后侧，掌心向下，指尖斜向前。目视左掌。（图2-75）

图2-75

4. 重心下沉，右腿屈膝全蹲，左脚划弧向左前下方搓出，左腿伸直成仆步；同时，左掌向右下按，至右腹侧转腕，使掌心向上，向左下伸臂穿掌，约至踝部，指尖斜向下，虎口向后；右掌外旋，抱于右腰间，掌心向上。目视左掌。（图2-76）

图2-76

5. 右腿内收半步，两腿屈膝半蹲成左半马步；同时，左臂滚劲外旋，左掌向外翻转托起，约与鼻平，指尖向前，肘部稍屈；右掌稍向内旋，仍置于腰间，掌心向内，虎口向上。目视左掌。（图2-77）

6. 左脚向右斜前方绕进一步，成左虚步；同时，左掌随转身向右拦出，垂肘竖臂，指尖向上，掌心向右，约与额平；右掌向左下方划弧，抄于左腹外侧，指尖向左，掌心向上。目视左后下方。（图2-78）

图2-77

图2-78

7. 左脚外展，两膝下沉，右脚跟提起，身体左扭，两腿跪步；同时，左掌向下沉劲，落于右肩前，掌心向右，指尖向上；右掌直臂外插，掌心向上，指尖向左。目视前下方。（图2-79）

图2-79

8. 左脚内扣，重心前移，右腿屈膝向前提起，向外崩劲，脚尖斜向下，高过左膝；同时，右掌向右划弧上穿，约与口平；左掌外旋下撤，置于左腰间，掌心向上，指尖斜向前。目视右掌。（图2-80）

9. 重心下沉，右脚划弧向左前下方搓出，右腿伸直，左腿屈蹲成仆步；同时，右掌向左下按，至左胯外转腕，使掌心向上，向右下伸臂穿掌约至踝部，指尖斜向下，虎口向后；左掌仍抱于左腰间。目视右掌。（图2-81）

图2-80

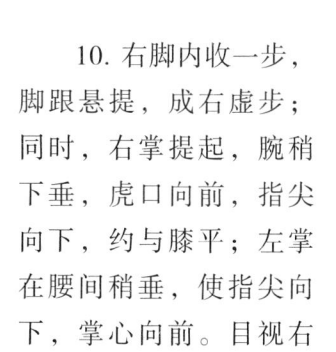

图2-81

10. 右脚内收一步，脚跟悬提，成右虚步；同时，右掌提起，腕稍下垂，虎口向前，指尖向下，约与膝平；左掌在腰间稍垂，使指尖向下，掌心向前。目视右下方。（图2-82）

图2-82

十六、仙鹤戏水

【练法分解】

1. 右脚内扣落地踏实，左脚从右腿后插步；同时，右掌向左、向上、向右划弧，甩劲外拦，指尖斜向上，约与额平；左掌向上、向右划弧，护于右腋前。目视右下方。（图2-83）

2. 重心移至左腿，右脚向后尥踢，约与裆平，脚尖斜向下；同时，右掌向下划弧反撩，约与胯平，指尖向后，掌心向上；左掌向左叉手（八字掌）托起，虎口向上，约与耳平。目视右后方。（图2-84）

图2-83

图2-84

3.上体左转前倾,头部挺起,右腿前沉;同时,两掌后搂,指尖向上,腕节勾屈,掌心向内。目视前下方。(图2-85)

4.右脚向前上步,两腿屈蹲,左脚跟提悬成右跪步,上身立起;同时,两掌撮指成勾手,顺势下沉后挂,勾尖向上。目视前方。(图2-86)

图2-85

图2-86

5.身体右转,右脚外摆,左脚向前、向右后划弧勾踢(脚尖斜向上,稍低于膝);右勾手前撩变掌,向下、向右上摆,虎口向右,指尖向上,高稍过顶;左勾手变掌,向左划弧伸臂,虎口向上,指尖向左,约与腰平。目视左斜前方。(图2-87)

图2-87

6. 左脚落步，身向左转，两腿扭步；同时，左掌向右、向上、向左划弧外甩，左肘稍屈，指尖斜向前上，掌背向外，约与鼻平；右掌划弧下按，护于左肋处。目视左掌。（图2-88）

7. 左脚向后炮踢，约与右膝平，脚尖向下；同时，左掌向前下方划弧，伸臂反撩，约与胯平，指尖斜向下，掌心向后；右掌向右划弧上拦，指尖斜向上，约与耳平。目视左后方。（图2-89）

图2-88

图2-89

8. 上体右转，左腿前沉；同时，两掌向身后直臂上搂，腕节勾屈，掌心向内，指尖向上，稍低于肩。目视前下方。（图2-90）

图2-90

第二章　武当暗腿连环套

9. 左脚向前上步，两腿屈蹲，右脚跟提悬成左跪步；同时，两掌成勾手，顺势下沉，勾尖向上。目视前方。（图2-91）

10. 身体左转，左脚外摆，右脚向前、向左后划弧勾踢，脚尖斜向上，约与膝平；左勾手前撩变掌，向下、向左上穿，虎口向外，指尖斜向前，约与额平；右勾手变掌，向左划弧，伸臂外拦，虎口向外，指尖向后，约与腰平。目视右掌。（图2-92）

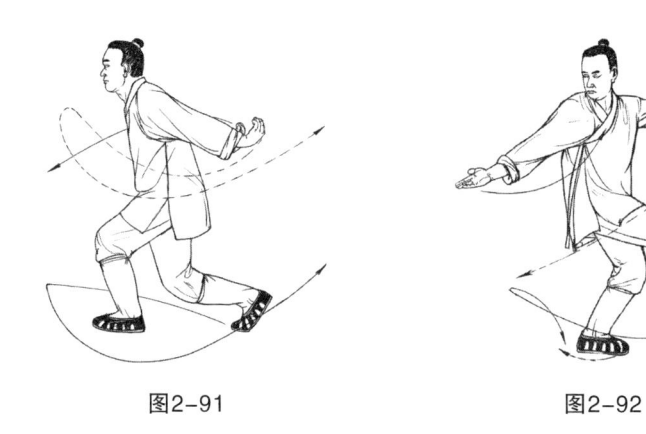

图2-91　　　　　　　图2-92

11. 右脚后摆，划弧落地，上体右转约半周，两腿屈膝下蹲，左脚尖于右脚内侧点地成左丁步；同时，左掌下落，垂臂于裆前；右掌左收，护于左肩前，指尖向上，掌心向左。目视左方。（图2-93、图2-93附图）

图2-93 　　　　　　　图2-93附图

131

十七、紫燕抛剪

【练法分解】

1. 左脚向前一步，膝盖向前别压，两脚跟稍起，成左低跪步；同时，左掌向前甩出，虎口向上，掌背向左，约与鼻平；右掌护于左臂内侧。目视左下方。（图2-94）

2. 向右转身，两脚摆扣，左腿屈膝跪地，成右跪步；同时，左掌划弧向左下反撩，指尖向下，掌心向后，约与胯平；右掌向右甩出，指尖向上，掌心向后，约与顶平。目视左下方。（图2-95）

图2-94

图2-95

3. 左腿蹬伸，右膝向前别压，跪步下沉；同时，右掌转腕前甩，掌背向前，指尖向上，约与额平；左掌上提，护于右腋前，指尖向右，掌心向下。目视右下方。（图2-96）

4. 右膝向内别压，左膝外转稍起；同时，右掌后划至右胸前，右肘向前下压，约与胸平；左掌护于左胸前。目视右肘。（图2-97）

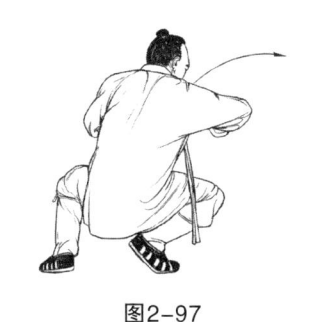

图2-96　　　　　　　图2-97

5. 左腿蹬伸，成高跪步；同时，右掌向前甩出，虎口向上，掌背向前，约与额平；左掌护于右腋前。目视右掌。（图2-98）

图2-98

十八、返璞归真

【练法分解】

1. 右脚外展,左脚向前进一步,身体右转约半周,两腿屈蹲成左半马步;同时,左掌向前上挑,屈肘垂臂,掌背向前,指尖向上,高过头顶;右掌下按,护于左腰前。目视左前方。(图2-99)

2. 右脚向左脚后插步;同时,右掌上挑,垂肘竖臂,掌心向后,约与顶平;左掌向右沉落,按于右肋前。目视左下方。(图2-100)

图2-99

图2-100

3. 左脚向左后划弧，随即向左前方绕一圈扫出，脚尖向右；两手协动。目视左脚。（图2-101）

4. 左脚向左横开一步，脚掌外侧用力向前搓劲，两腿屈膝半蹲，成左半马步；同时，左掌向左前方甩出，虎口向上，掌背向前，约与肩平；右掌向左扒压，置于左胸前，掌心向下，腕节稍勾。目视左前方。（图2-102）

图2-101

图2-102

5. 左脚向右脚后插步；同时，左掌上挑，屈肘垂臂，掌心向右，指尖向上，约与顶平；右掌下按，护于左腰前。目视右下方。（图2-103）

图2-103

6. 右脚向右划出，绕圈前勾，脚尖内扣；两手协动。目视右下方。（图2-104）

图2-104

7. 右脚收提于左腿内侧踩地，左脚随之向正前一步，脚前掌着地，成左虚步；同时，左掌划弧推向前方，肘部略屈，指尖向上，掌心向右，约与眼平；右掌护于左肘下。目视左掌。（图2-105）

图2-105

8. 左脚撤向右脚后侧，成右高虚步；同时，两掌分向体侧，斜伸两臂，掌心向前，指尖斜向下。目视前方。（图2-106）

图2-106

9. 右脚退步，两脚并步，正身直立；同时，两掌向上划弧，屈臂举于两肩前上方，掌心向前，虎口相对，指尖向上，约与耳平。目视前方。（图2-107）

图2-107

10. 右掌变拳，两手收向胸前相抱，右拳心向下，左掌心按住右拳面，指尖斜向上，两肘向外平张。目视前方。（图2-108）

图2-108

11. 两手一齐向前推送，高与颌平，两臂屈曲成弧形。目视前方。（图2-109）

图2-109

12．两手下落，收于腹前，左掌心托住右拳背；深呼吸3次。（图2-110）

图2-110

13．两手松开，垂于体侧；全身放松，调匀呼吸。本套收势。（图2-111）

图2-111

第三章

武当天罡玄阴腿

天罡玄阴腿,乃武当内家秘技,共有36招,切合道家天罡之数。其招法精湛,实用易学;连环多变,不易防范;犀利难挡,令敌胆寒。

玄阴腿主要分四类。

一是低腿连环,即以低腿连续进攻,一腿不中踢二腿,二腿未成三腿踢,依靠超人的技术与功力,将敌击溃。

二是"先低后高",先用暗腿突击,伤敌下盘(膝节、前胫等),使敌疼痛失力,或腿伤难动,或顾此失波，然后使用高踢，重击其上门（脸部、耳门、颈部等），将其大力摧毁。

三是"先高后低"，先用高腿强攻，志求一腿制敌，如若被敌拦截或闪过，即要见机踢击其下门（腹部、裆部等），在高踢压制之下，非常容易得手。

四是手脚连环，主要指手法与低腿的联合，先用手法突击、连击或佯攻敌方上门（眼睛、鼻子、咽喉等），使敌上防而疏于下门，则乘虚而入，暗腿奇袭，如此忽上忽下，敌方必然手忙脚乱，一败涂地。

一、玄罡穿云

【实战举例】

1. 我方（穿长袖衣服者，下同）左脚进步，左掌前穿，插敌咽喉。敌方向后滑步，仰身避过，两手屈肘护在身前。（图3-1）

图3-1

第三章　武当天罡玄阴腿

2. 随即，我方身体向左转，右脚向前勾踢敌方左膝。敌方扬腿卸力，保住身形。（图3-2）

图3-2

3. 动作不停，我方右脚顺势向前下踩，对准敌右膝内侧，伤其关节，致其歪倒。（图3-3）

图3-3

二、小马奔蹄

【实战举例】

1. 敌方右脚进步,右掌击打我方面部。我方吞身略避,速起左脚迎击,踩踢敌方右膝。(图3-4)

图3-4

2. 随即，我方左脚落步，右脚顺势发力，猛蹬敌方左膝。（图3-5）

图3-5

3. 动作不停，我方右脚收落，上体稍向右旋，左脚迅疾前蹬，伤其裆部。（图3-6）

图3-6

三、青龙出水

【实战举例】

1. 敌方左势，左腿在前。我方左手向前上一晃，诱敌上防之际，右脚勾挂敌方左脚跟，将其左腿踢起。（图3-7）

图3-7

2. 随即，我方右脚内划落地，向右转身，左脚铲击敌方右膝。（图3-8）

图3-8

3. 动作不停，我方乘其两次挨踢立足不稳之际，左脚落步，上体左旋，猛起右腿跺敌腰部，将其踢倒。（图3-9）

图3-9

四、浪子踢球

【实战举例】

1. 我方见机急进,先出右脚,弹踢敌方裆部。敌方退步闪避,吞腹藏裆。(图3-10)

图3-10

2. 我方右脚收落，向左转身，左脚后撩，再踢敌裆。（图3-11）

图3-11

3. 动作不停，我方左脚向左收落，右脚弹出，三踢敌裆，将其重创。（图3-12）

图3-12

五、劈荆斩棘

【实战举例】

1. 我方抢攻，左脚进步，右掌穿击敌方眼部。敌方后撤，右臂架格我方右腕。（图3-13）

图3-13

2. 随即，我方右脚蹬击敌方心窝。敌方两脚后滑，吞身避过。（图3-14）

图3-14

3. 我方右脚前落，后绊敌方右腿；同时，向前探身，右掌斜劈敌方左颈。（图3-15）

图3-15

4. 动作不停，我方右腿外挂敌方右腿，向后撩起；同时，右掌向前下压，将其跌翻于地。（图3-16）

图3-16

六、白猿偷桃

【实战举例】

1. 我方强攻，移步进身，右腿鞭踢敌方小腿。敌方向后撤步，向前俯身，左掌向下拦截我腿。（图3-17）

图3-17

2. 随即，我方右腿迅疾后收，丁步沉身，右手佯打，诱敌向上防护。（图3-18）

图3-18

3. 动作不停，我方左脚乘机垫步，右脚猛然前踩，伤其裆部。（图3-19）

图3-19

七、南天蹬门

【实战举例】

1. 我方强攻,移步进身,猛起右腿横踢敌方左肋。敌方退步,两臂屈提,阻截我腿。(图3-20)

图3-20

第三章　武当天罡玄阴腿

2. 随即，我方右脚收落，上身前探，右掌前劈，击其面门。敌方向左旋身，左掌抬架我方右掌。（图3-21）

图3-21

3. 动作不停，我方速将左腿提起，脚跟发力，猛然前蹬，伤敌胸部。（图3-22）

图3-22

155

八、横扫千军

【实战举例】

1. 我方左手虚晃，右腿突然踢出，低扫敌方膝关节。敌方后退，左手下伸，格挂我方右脚。（图3-23）

图3-23

2. 随即，我方右脚收落，向右旋身，左腿高扫敌方头部。（图3-24）

图3-24

3. 动作不停，我方左脚向后收落，右腿高扫敌方咽喉，致其重创，将其踢翻。（图3-25）

图3-25

九、弯弓射雁

【实战举例】

1. 敌方进身，左脚跺击我方腹部。我方撤步，避敌锋芒之际，右掌下划，格阻敌方左小腿。（图3-26）

图3-26

2. 随即，我方两手兜抱敌方左腿，右脚垫步，左腿向前跺击敌方左肋。（图3-27）

图3-27

3. 动作不停，我方左脚收落，向左旋身，右腿跺击敌方右腿，将其踢倒。（图3-28）

图3-28

十、推山填海

【实战举例】

1. 敌方突然进身,猛起左腿,扫踢我方右肋。我方向后撤步,避过敌腿锋芒,左腿上起拦截。(图3-29)

图3-29

2. 随即，我方左腿顺势下跺，伤其右膝关节。（图3-30）

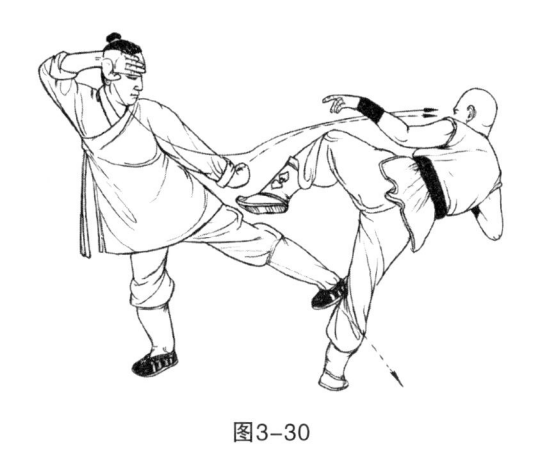

图3-30

3. 动作不停，我方左脚向前落步；同时，两掌猛推敌方头部，将其远跌而出。（图3-31）

图3-31

十一、乌龙卷尾

【实战举例】

1. 我方强攻，抢上一步，右腿横扫敌方小腿。敌方见我势猛，慌忙退步，提腿躲避。（图3-32）

图3-32

2. 随即，我方右脚落步，向左转身，左腿倒扫敌方左耳。（图3-33）

图3-33

3. 动作不停，我方左腿扫过即落，右脚乘机向前勾挂，猛踢敌方左脚后跟，将其踢翻于地。（图3-34）

图3-34

十二、金豹抖尾

【实战举例】

1. 敌方左脚进步,左拳冲击我方腹部。我方迅疾撤步,左掌反拍敌方左腕。(图3-35)

图3-35

2. 随即，我方右脚垫步，左脚向前踩击，伤其左腿前胫。（图3-36）

图3-36

3. 跟踪追击，我方左腿上转踩击，放长踢远，伤敌裆部。（图3-37）

图3-37

十三、倒拔杨柳

【实战举例】

1. 敌方进身,提起右腿,蹬击我方胸部。我方略向右转体,两肘兜夹敌右小腿。(图3-38)

图3-38

2. 接着，我方右脚垫步，两肘向前上掀；同时，左脚向前勾踢敌方左腿，将其挂翻于地。（图3-39）

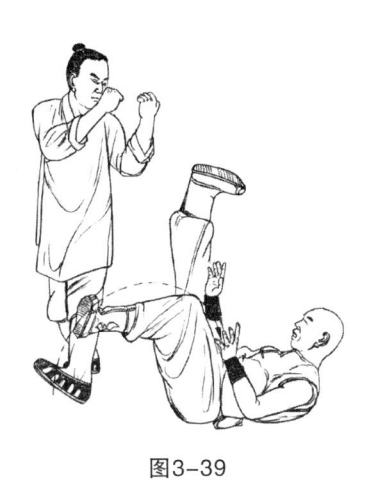

图3-39

3. 动作不停，我方再起左脚，向前踩踏敌方裆部，致其重创。（图3-40）

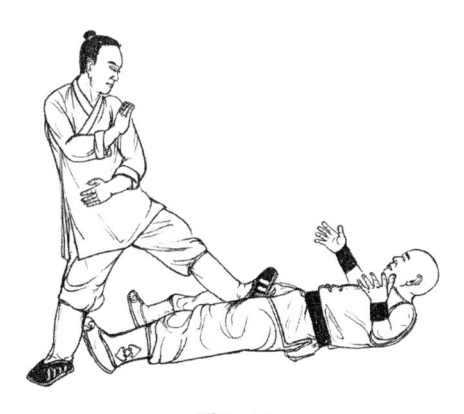

图3-40

十四、巨龙夺虎

【实战举例】

1. 我方抢攻，进步左转，右腿鞭踢敌方颈部。敌方两臂提起，拦截我方腿击。（图3-41）

图3-41

2. 敌方左拳顺势冲出，向我面部击来。我方右脚急忙收落，上体略仰，左掌拍挡敌方左拳。（图3-42）

图3-42

第三章 武当天罡玄阴腿

3. 随即，我方右脚前垫，左脚速踢，蹬击敌左大腿。（图3-43）

图3-43

4. 动作不停，我方左脚落步，右腿高扫，猛劲鞭击敌方头部，将其踢倒在地。（图3-44）

图3-44

169

十五、飞石穿心

【实战举例】

1. 敌方左脚欲进。我方两手封门，左脚迎击，速蹬敌方前胫，短促杀伤。（图3-45）

图3-45

2. 随即，我方左脚向前落步；同时，左掌推击敌方下颌，致其后仰。（图3-46）

图3-46

3. 动作不停，我方右腿乘机猛蹬，一脚穿心，将其踢倒。（图3-47）

图3-47

十六、马踏流星

【实战举例】

1. 我方右手向上虚晃，右脚乘机下弹，伤敌右腿前胫。（图3-48）

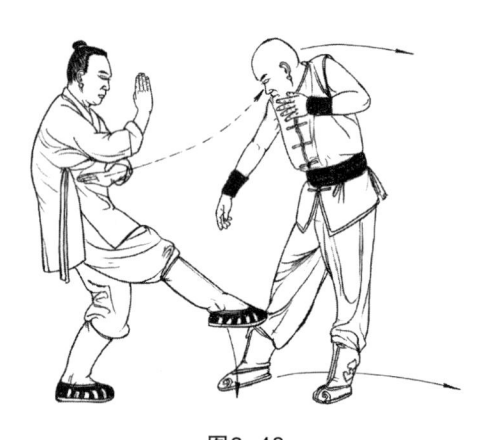

图3-48

2. 随即，我方右脚落步，左掌挥出，反掌甩击敌方鼻子。敌退右步，仰身避过。（图3-49）

图3-49

3. 动作不停，我方左脚垫步，提起右脚，对准敌方左膝，猛力前踩。（图3-50）

图3-50

十七、铁蹄陷阵

【实战举例】

1. 我方垫步进身，左腿弹踢敌方裆部。敌方退步，吞身避过。（图3-51）

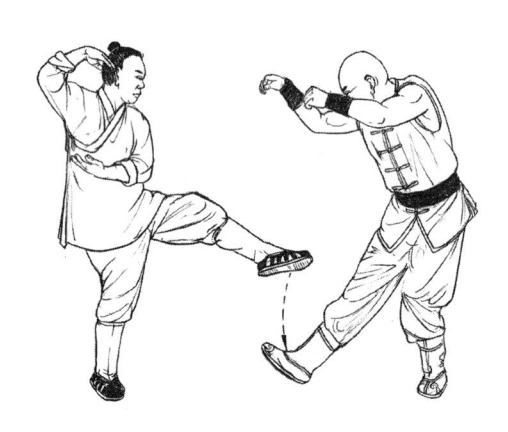

图3-51

2. 随即，我方左脚顺势下落，踩击敌方右脚背，致其疼痛失力。（图3-52）

图3-52

3. 动作不停，我方右脚垫步，提起左脚再度前踩，踏击敌方右胫，致敌腿伤倒地。（图3-53）

图3-53

十八、钩镰斩蹄

【实战举例】

1. 我方强攻，跨步向前，左腿高踢，扫击敌方头部。敌方急忙后退，仆步沉身，避过我方左腿。（图3-54）

图3-54

2. 动作不停，我方左脚落步，一落即发，向外撇踢，撩起敌方右腿。（图3-55、图3-56）

图3-55

图3-56

3. 动作不停，我方左脚落步，向左旋身，右脚擦地前扫，下勾敌方左腿，将其踢翻在地。（图3-57）

图3-57

十九、泰山压顶

【实战举例】

1. 我方强攻，跨步进身，左腿高起，脚跟下劈敌方头部。敌方退步，仰身避过。（图3-58）

图3-58

2. 随即，我方左脚顺势前落，速起右腿向前劈击敌方胸部。（图3-59）

图3-59

3. 动作不停，我方右脚落步，向右旋身，左腿对准敌方胸口猛力前踩。（图3-60）

图3-60

二十、旋风扫堂

【实战举例】

1. 我方突袭，右脚插步，左手反甩敌方裆部。敌方向后滑步，吞身避过。（图3-61）

图3-61

2. 随即，我方左腿向后外撇，脚跟发力，撩挂敌方左腿。（图3-62）

图3-62

3. 动作不停，我方左脚向左后落，上体左转，两手按地，右腿低扫敌方右脚，将其踢倒。（图3-63）

图3-63

二十一、魁星踢斗

【实战举例】

1. 敌方移步进身,右腿低踩我方左膝。我方左腿速提,反踩敌方小腿,阻截来踢。(图3-64)

图3-64

2. 随即，我方左脚落步，向左旋身，右腿横扫敌方左肋。（图3-65）

图3-65

3. 动作不停，我方右脚向左落步，身仍左旋，左腿后撩，踢敌裆部。（图3-66）

图3-66

二十二、蛟龙搅海

【实战举例】

1. 我方见机急进，速出右脚，勾挂敌方左腿。（图3-67）

图3-67

2. 随即，我方右脚顺势向前下踩，伤其右踝关节。（图3-68）

图3-68

3. 动作不停，我方右脚落步，向右旋身，左腿向右横扫，对准敌方胸部，将其击躺于地。（图3-69）

图3-69

二十三、山蝎挡道

【实战举例】

1. 敌方右脚进步,左拳冲打我方面部。我方闪步侧身,右掌托抓敌方左肘,破解来招。(图3-70)

图3-70

2. 随即，我方不待敌变，右腿速出，脚尖弹踢，伤其左肋。（图3-71）

图3-71

3. 动作不停，我方右脚内勾稍落，脚跟下蹬，伤其裆部。（图3-72）

图3-72

二十四、白猿探路

【实战举例】

1. 敌方左脚进步,左拳冲打我方面部。我方闪步旋身,左掌拦格敌方左腕,化解敌方拳击。(图3-73)

图3-73

2.随即,我方左脚垫步,右脚蹚击敌方左踝。(图3-74)

图3-74

3.动作不停,我方右脚后落,向右旋身,左脚对准敌左膝猛劲前踩。(图3-75)

图3-75

二十五、神蝎弹尾

【实战举例】

1. 敌方上步进身,猛起右腿蹬击我方面部。我方迅疾后撤,沉身坐马,避过敌腿。(图3-76)

图3-76

第三章　武当天罡玄阴腿

2. 随即，我方右脚垫步，向右倾身，右手撑地；同时，左脚斜向前上弹出，脚尖发力，点踢敌方裆部或小腹。（图3-77）

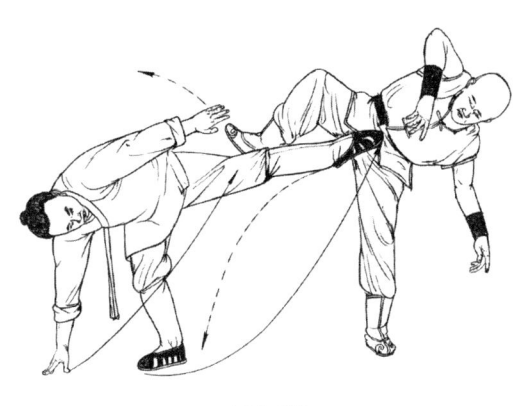

图3-77

3. 动作不停，我方左脚外划落地，起身左旋之际，右脚弹踢再出，点踢敌方裆部或小腹，致其剧痛失力。（图3-78）

图3-78

191

二十六、渔翁摇橹

【实战举例】

1. 敌方左脚进步，左拳冲击我方面部。我方撤步，右脚里合旋踢，扫击敌方左肘，化解敌拳，致其臂疼。（图3-79）

图3-79

2. 我方右脚一扫即落,脚尖顺势内旋,下踩敌方左膝。（图3-80）

图3-80

3. 动作不停,我方右腿落步,后绊敌方左腿;同时,右臂前穿,拦压敌方面部,将其摔躺于地。（图3-81）

图3-81

二十七、独竿撑舟

【实战举例】

1. 我方移步进身，上下齐击，右掌前穿敌方眼部，右脚撩踢敌方右膝。（图3-82）

图3-82

2. 敌方后闪，俯身欲抱我腿。我方屈膝收腿，使其扑空。（图3-83）

图3-83

3. 动作不停，我方不待敌变，右脚对准敌方下颌猛劲蹬击。（图3-84）

图3-84

二十八、青龙卷浪

【实战举例】

1. 敌方右脚跨步，右拳冲击我方面部。我方撤步，上体左旋，右掌拦格。（图3-85）

图3-85

第三章 武当天罡玄阴腿

2. 随即，我方左脚垫步，右腿向后撩起，踢其裆部。（图3-86）

图3-86

3. 动作不停，我方右脚收落，向右转身，左脚勾踢敌方右脚，致其倒地滚翻。（图3-87）

图3-87

二十九、左右开弓

【实战举例】

1. 两敌夹攻我方，左敌先出左拳，冲击我方头部。我方急提左臂，向外格挡。（图3-88）

图3-88

2. 随即，我方右脚垫步，左腿向左撩踢，攻击左敌裆部。（图3-89）

图3-89

3. 此时，右敌也已打来，左拳冲我头部。我方右臂急忙格挡，左脚顺势收落，右脚向右进步。（图3-90）

图3-90

4.动作不停,我方左脚快速弹踢,攻击右敌裆部。(图3-91)

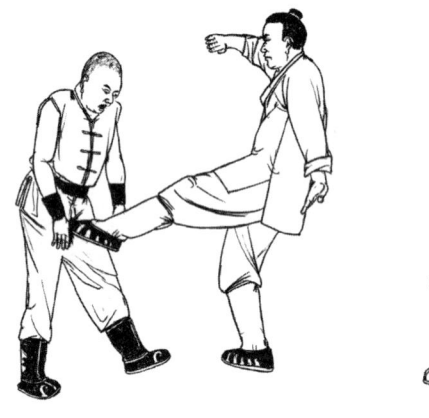

图3-91

三十、山蟒甩尾

【实战举例】

1.敌方左脚进步,左拳冲击我方面部。我方撤步,左手拦抓敌方左拳,右掌前托敌方左肘。(图3-92)

图3-92

第三章　武当天罡玄阴腿

2. 随即，我方左脚垫步，右脚勾挂，将敌方左腿踢离地面。（图3-93）

3. 接着，我方右脚顺势向前下踩，伤敌右膝。（图3-94）

图3-93

图3-94

4. 动作不停，我方右脚向左收落，两手撑地，左腿擦地后扫，将敌扫躺于地。（图3-95）

图3-95

三十一、蝎子摆尾

【实战举例】

1. 敌方左脚进步，左拳冲击我方面部。我方退步，上体左倾，避过敌拳；同时，右腿上提，封闭中门，阻敌追击，蓄势待发。（图3-96）

图3-96

2. 随即，我方向左俯身，两手撑地，右腿顺势斜踩，重创敌方胸部。（图3-97）

图3-97

3. 动作不停，我方右脚向右旋落，上身右转立起；同时，左腿横扫敌方头部。（图3-98）

图3-98

三十二、白虎拦路

【实战举例】

1. 敌方左脚进步，右拳栽击我方腹部。我方后撤，虚步沉身，右掌拍打敌方右腕。（图3-99）

图3-99

2. 随即，我方左脚垫步，提起右脚，猛蹬敌方心窝。（图3-100）

图3-100

3. 动作不停，我方右脚收落，左脚暗踢，踩踏敌方左胫。（图3-101）

图3-101

三十三、彗星绕月

【实战举例】

1. 敌方右脚进一步,右拳冲击我方面部。我方迅疾后撤,右手上挑,拦格敌方右腕。(图3-102)

图3-102

2. 我方右手旋抓敌方右腕。随即,右脚垫步,左脚进敌右腿外侧;同时,右手拧转敌方右腕,旋向后上方。(图3-103)

图3-103

3. 接着，我方右脚猛劲勾挂敌方右脚踝或小腿；同时，右手旋甩敌方右腕，致其前栽扑地。（图3-104）

图3-104

4. 动作不停，我方右腿右旋，踏敌腰背，将其踩在脚下。（图3-105）

图3-105

三十四、赵帅擒虎

【实战举例】

1. 敌方右脚上步,右拳冲击我方面部。我方急撤,虚步沉身,避过敌拳。(图3-106)

图3-106

2. 随即，我方身体向左翻转，两手向左撑地；同时，右脚向前横扫敌右小腿，将其踢倒。（图3-107）

图3-107

3. 动作不停，我方右脚落步，起身右转，左膝跪压敌方胸口，两手擒按助力，将其牢牢控制。（图3-108）

图3-108

三十五、山神伏虎

【实战举例】

1. 我方上步,右脚蹬踢敌方腹部。敌方后闪,两手抱抓我脚。(图3-109)

图3-109

2. 我方左脚借劲跳进一步,两手前扑捞抱敌方两肩,右腿顺势屈膝撞击敌方胸口,致其受创,令其松手。(图3-110)

图3-110

3. 随即，我方右脚向后落步，两手抱抓敌肩向右转身旋甩，致其前栽扑出。（图3-111）

图3-111

4. 动作不停，我方跟踪追击，左脚猛踩敌方尾闾，将其擒伏。（图3-112）

图3-112

三十六、大龙摆尾

【实战举例】

1. 敌方右脚上步，左拳冲击我方面部。我方迅疾撤步，坐马沉身，避过敌拳；同时，左掌上托敌方左肘。（图3-113）

图3-113

2. 随即，我方右脚垫步，左脚后撩，脚跟发力，伤其裆部。（图3-114）

图3-114

3. 接着，我方左脚收落，右脚撤一步，视敌情况，蓄势再发。（图3-115）

图3-115

4.见敌未倒,受伤不重,我则迅速右转身,右腿倒扫敌方头部。(图3-116)

图3-116

5. 敌仍不倒,摇摇晃晃。我则继续右转,右脚落步,再起左腿高扫。(图3-117)

图3-117